L'âme enfantine

50 Chansons

pour les Écoles

MUSIQUE MARMONTEL

La Première année de Musique *(Solfège et chants,)* par
M. A. MARMONTEL, ancien professeur au Conservatoire national de musique. 1 vol. in-8° de 144 pages, cartonné. **1 25**

Leçons, résumés. — 154 exercices de lecture rythmique, de solfège et de vocalisation. — 50 devoirs oraux et écrits. — 55 chœurs à l'unisson ou à deux parties. — Questionnaires et Lexique.

Exercices de la Première année de Musique,
par M. A. MARMONTEL. 1 vol. in-8° de 144 pages, cart. **1 25**

Revisions théoriques. — 137 exercices. — 30 devoirs. — 80 chœurs à l'unisson ou à deux parties. — Questionnaires et Lexique.

La Deuxième année de Musique, par A. MARMONTEL.
1 vol. in-8°, cart. .... **3 »**

Leçons. — Exercices. — 73 chœurs. — Éléments d'harmonie. — Abrégé de l'histoire de la Musique.

Les petits chants des Écoliers, à une ou à deux voix, par M. Félix
COMTE, membre du Conseil départemental de la Seine et du Conseil supérieur de l'Instruction publique. 1 vol. in-12, cartonné.. **» 50**

Chœurs à quatre voix égales, avec accompagnement de piano *ad*
libitum, par M. SYLVIO LAZZARI. Chaque chœur, format in-8° :

La Jeune Fille et la Rose » 30	Aux Petits Enfants.... » 30
Au Printemps......... » 30	L'Oiseau............... » 30

L'Automne..................................... » 60

Petite Anthologie des Maîtres de la Musique,
depuis 1633 jusqu'à nos jours, par M. LÉOPOLD DAUPHIN. 1 vol. in-4°. 50 grav., cart..................... **5 »**

Diapason-gamme Jaulin, donnant la gamme de *do* majeur, instrument
à anches, à l'usage des écoles .... **5 »**

Coulommiers. — Imp. PAUL BRODARD. — 900-96.

L'âme enfantine

5o Chansons

pour les Écoles

PAR

MARC LEGRAND

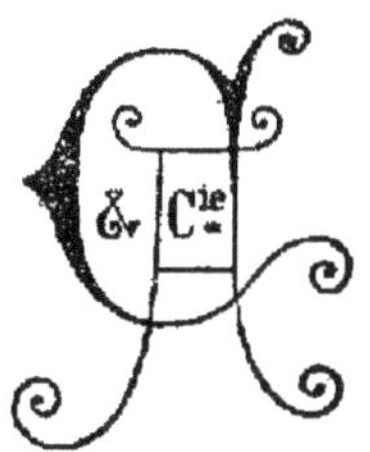

PARIS

ARMAND COLIN ET Cie, ÉDITEURS

5, RUE DE MÉZIÈRES, 5

1897

AVERTISSEMENT

> Le chant doit faire jaillir de l'âme populaire les sources les plus pures du sentiment : la joie de vivre et le courage de souffrir ou de mourir ; l'amour de la famille, de la patrie, de la liberté ; l'amour de la nature sous ses divers aspects et en ses différentes saisons ; l'amour vaillant de la vertu et du travail, comme le plaisir du jeu ; l'amitié ; la sympathie pour les misérables... Félix Pécaut.

> La musique est née dans l'âme chantante des peuples ; elle jaillit des lèvres puériles et naïves... La chanson est le genre national par excellence. Henry Bauer.

> Les enfants, emportant de l'école le goût du chant, pourront se perfectionner en recherchant les sociétés chorales, où ils trouveront des satisfactions qui peut-être les détourneront de plaisirs moins innocents. Édouard Jouin.

Les maîtres et les écoliers connaissent déjà nos *Lectures quotidiennes pour le commencement de la classe* (garçons et filles).

Nous leur offrons aujourd'hui de petites *Chansons* pour être chantées également *au commencement de la classe*.

Mieux encore que la lecture, le chant fixe dans les mémoires des images et des pensées.

Le chant est ainsi un des plus puissants facteurs de l'éducation morale.

Notre présent recueil contient plus de cinquante chansons groupées selon leur inspiration générale.

Les maîtres y choisiront à leur gré. Ils liront d'abord le texte de la chanson, l'expliqueront clairement, puis chanteront eux-mêmes en détachant chaque note, jusqu'à ce que les élèves aient retenu la mélodie.

Chaque quinzaine ou chaque mois, selon le temps nécessaire pour que la chanson soit sue et chantée sans faute, on passera à une autre et ainsi jusqu'à la fin de l'année.

Les Éditeurs.

Notices sur les compositeurs

QUI ONT COLLABORÉ A

L'AME ENFANTINE

Bigarelle (Paul). — Né à Digne en 1873. Sous ce pseudonyme se cache un jeune publiciste.

Bonnamy (Émile). — Né à Paris en 1860. Élève de Pessard et de Guiraud. A écrit des morceaux de piano et de chant. Auteur de deux recueils de petites pièces faciles pour piano, à l'usage des commençants. Ses principales œuvres au théâtre : *Madame Pygmalion, Spleen* (pantomime sur scenario de M. Marc Legrand), *les Trois Cousines, Tous criminels, Nuit de Carnaval*, etc.

Bordes (Charles). — Né à Vouvray (Indre-et-Loire) en 1863. Élève de César Franck. Chargé d'une mission au pays Basque, pour y recueillir les chansons populaires. Maître de chapelle de l'église Saint-Gervais. Fondateur de l'*Association des chanteurs de Saint-Gervais*, société de musique chorale ancienne. Auteur de l'*Anthologie des maîtres religieux primitifs*, comprenant 14 messes et 100 motets. Initiateur de la nouvelle *Schola Cantorum* fondée (1894) pour la restauration de la musique d'église.

Clérice (Justin). — Né à Buenos-Ayres en 1863. Élève d'Émile Pessard et de Léo Delibes. Auteur de bon nombre de mélodies et de morceaux pour piano. A fait représenter des opéras-comiques : *Meunier d'Alcalà, Le 3e hussards, Phrynette, Hardi les Bleus!* etc., des ballets : *Au pays noir, Idylle sous le Directoire*, etc., une pantomime, *Léda*, etc.

Desmarquoy (J. Porchier, *dit*). — Né à Marseille en 1853. Chef d'orchestre. Fut à 10 ans, élève de Ravina, puis de Durand. Auteur d'une quantité de morceaux d'orchestre, gavottes, valses, etc.

Diet (Edmond). — Né à Paris en 1854. Élève de César Franck et Guiraud. Auteur d'un grand nombre de mélodies et chœurs pour orphéons. Au théâtre a donné : *Stratonice, Cousin Placide, Fleur de Vertu, Madame Putiphar*, et des ballets, *la Belle et la Bête, l'Araignée d'or*, etc.

Dubois (Théodore). — Né en 1837 à Rosnay (Marne). Élève de Marmontel, Bazin et Ambroise Thomas. Cinq premiers prix et premier grand prix de Rome en 1861. Ses principales œuvres : *la Guzla de l'Emir, le Pain bis, les Sept paroles du Christ, la Farandole, le Paradis Perdu, l'Enlèvement de Proserpine, Circé, Xavière*, etc. Un nombre considérable de symphonies, ouvertures, messes, oratorios, morceaux pour piano, etc. A été maître de chapelle de Sainte-Clotilde, puis organiste de la Madeleine, puis professeur au Conservatoire, dont il a pris la direction à la mort d'Ambroise Thomas (1896). Officier de la Légion d'honneur.

Eymieu (Henri). — Né à Saillans (Drôme) en 1860. Outre de nombreuses compositions, a signé des études de critique musicale dans divers journaux. Auteur d'un volume remarqué de *Biographies musicales*. Fondateur et directeur de la société de *Musique nouvelle*.

Gazier (Eugène). — Né à Paris en 1864. Brillant élève de Savard et F. Bazin. Actuellement maître de chapelle et organiste à Saint-Pierre du Gros-Caillou. Auteur de nombreuses compositions profanes et religieuses, dont la *Marche funèbre à la mémoire de Carnot*. Excellent professeur d'harmonie. Frère de M. A. Gazier, l'auteur du Dictionnaire.

Gravollet (E.-J.). — Né en 1860. Élève de Savard et Massenet. Professeur de chant dans les écoles de la ville de Paris. Sous-directeur de la Société des chanteurs de Saint-Gervais. A traduit en français des cantates de Bach, des mélodies de Schumann, etc. Auteur de morceaux pour piano et de mélodies.

Gregh (Louis). — Né à Philippeville (Algérie). Élève du Conservatoire de Paris, fut un pianiste brillant, avant de diriger une importante maison de musique. Auteur d'un *Cahier d'études*, pour piano, œuvre caractéristique, d'une remarquable *Suite de Concert* et de mélodies devenues populaires. A donné au théâtre plusieurs opéras-comiques pleins de fraîcheur et d'élégance : *Lycée de jeunes filles, Patart, Patart et Cie, le Capitaine Roland*, etc.

Hahn (Reynaldo). — Né à Caracas (Vénézuéla) en 1874. Élève de MM. Descombes, Marmontel, Lucien Grandjean, Théod. Dubois, Lavignac et surtout Massenet. A publié : *Chansons grises*, mélodie sur des vers de Paul Verlaine, des morceaux de piano à 2 et 4 mains, etc. A déjà le renom d'un excellent pianiste et d'un brillant compositeur.

Hüe (Georges). — Né à Versailles en 1858. Prix de Rome en 1879. Prix Cressent en 1881. A donné à l'Opéra-Comique, en 1882, *les Pantins*. Au concert Colonne, en 1886, *Rubezahl*, légende symphonique. En 1882, *le Berger*, ballade, et *Résurrection*, épisode sacré. En 1894, aux concerts de l'Opéra, *la Belle au Bois dormant*. Auteur de nombreux chœurs, morceaux d'orchestre et de piano, etc.

D'Indy (Vincent). — Né à Paris en 1851. Élève de César Franck. Devint chef des chœurs au concert Colonne. Grand prix de la Ville de Paris (1885). Inspecteur de l'enseignement du chant dans les écoles de la ville de Paris. Chevalier de la Légion d'honneur. Principales œuvres orchestrales : *la Forêt* *enchantée*, *Wallenstein*, *Sauge fleurie*, *Istar*. Au théâtre : *Attendez-moi sous l'orme*, opéra-comique, et *Fervaal*, drame. Enfin de nombreux morceaux de musique de chambre, mélodies, valses, etc.

Jacotot (François). — Né à Dijon en 1863. S'est consacré à la chanson, surtout à la chanson populaire. A mis en musique des vers de poètes du XVIII° siècle, puis des œuvres de poètes contemporains : Durocher, etc.

Lalisse (E.). — Instituteur à Lille. A réuni et noté d'anciennes rondes populaires dans le nord de la France.

Laurent de Rillé (François). — Né à Orléans en 1828. Officier de la Légion d'honneur. Président de la Commission de surveillance de l'enseignement du chant dans le département de la Seine. Président d'honneur de la Société des auteurs compositeurs et éditeurs de musique. A composé un très grand nombre de chœurs pour hommes et de chœurs pour enfants : *la Retraite*, *la Noce de Village*, *l'Orgie romaine*, *les Fumeurs d'opium*, *la Marche des Orphéons*, etc., et des solfèges adoptés dans les écoles communales.

Lavignac (Albert). — Né à Paris en 1846. Professeur d'harmonie au Conservatoire. Ouvrages principaux : *Solfèges manuscrits*, *Cours de Dictée musicale*, *Leçons d'harmonie*, *l'Ecole de la pédale* et *la Musique et les musiciens*, un volume illustré de figures ; enfin beaucoup de morceaux pour piano ou pour d'autres instruments.

Le Borne (Fernand). — Élève de Massenet et de Saint-Saëns. A écrit des symphonies, suites d'orchestre, ouvertures, concertos, poèmes pour chant et orchestre, sonates, mélodies pour chant et pièces pour piano. A donné à Bruxelles une *Messe solennelle* en *la* ; à l'Opéra de Paris, *Temps de guerre*, tableaux symphoniques. Ses œuvres les plus répandues sont : *l'Amour de Myrto* et *Amour trahi*. Au théâtre, a donné *Daphnis et Chloé*, *Mudarra* et *Hedda*.

Le Choleux (René). — Né à Arras en 1856. Homme de lettres, directeur de la *Revue septentrionale*, rénovateur de la Société des *Rosati*. A mis en musique des poésies de MM. Lamy, Duvauchel, etc.

Legay (Marcel). — Né près de Béthune (Nord) en 1851. S'est fait connaître à Paris comme un chansonnier plein d'entrain et de sensibilité. Auteur des *Rondes du Valet de carreau*, de *Toute la gamme*, etc.

Legrand (Émile). — Né à Nice en 1869. Docteur en médecine. Auteur de mélodies parmi lesquelles : *Tes yeux*, sur des paroles de Montoya, qui a obtenu un vif succès. Frère de Marc Legrand.

Lemaire (Gaston). — Né à Amblainvilliers (S.-et-O.) en 1854. Auteur de pantomimes, ballets et divertissements lyriques dont : *En dansant la gavotte*, interprétée par Mmes Cléo de Mérode et Angèle Legault et qui remit à la mode les danses anciennes.

Le Tourneux (Forbes). — Né à Calcutta. 1er prix d'harmonie et 1er prix de fugue. Elève de Dubois et Delibes. Fut chef des chœurs à l'Opéra-Comique et à la Comédie-Française. Actuellement organiste de Saint-Justin. Ses œuvres : une trentaine de mélodies, un quintette, un trio, deux concertos, deux suites d'orchestre, etc. Au théâtre, *la Fin de Pierrot*, *l'Ermite*, etc.

Lutz (Henri). — Né à Biarritz en 1864. 1er second grand prix de Rome au Conservatoire. A écrit pour le théâtre et pour le concert : *Inès de Las Sierras*, *Émeraude*, etc. *Le cœur de Hialmar* (joué au concert Lamoureux). Symphonie en *ré*, suite d'orchestre. Mélodies et pièces pour divers instruments, etc.

Malherbe (Charles). — Né à Paris, d'une famille de musiciens. Elève de Danhauser, Wormser et Massenet. Parmi ses mélodies et morceaux de piano : *En route*, *Offertoire*, *le Menuet de Lucette*, *Cendrillon*, ballet-pantomime, etc. Auteur de nombreuses transcriptions à deux et quatre mains d'œuvres de Massenet et de Saint-Saëns. Collaborateur de divers journaux musicaux. A écrit deux ouvrages sur R. Wagner et une importante *Histoire de l'Opéra-Comique*. Est archiviste à la bibliothèque de l'Opéra.

Massenet. — Né en 1842 à Monteaux (Loire). Elève de Bazin et d'Ambroise Thomas. Deux grands prix et prix de Rome (1863). Ses principaux opéras sont : *Don César de Bazan*, *Manon*, *le Roi de Lahore*, *Hérodiade*, *le Cid*, *Esclarmonde*, *le Mage*, *la Navarraise*, *Werther*, *Thaïs*, etc. En outre, beaucoup de symphonies et de mélodies, les chœurs et intermèdes des *Erinnyes* de Leconte de Lisle, etc. Professeur au Conservatoire jusqu'en 1896. Commandeur de la Légion d'honneur. Membre de l'Institut.

De Ménil (F.). — Né à Boulogne (Pas-de-Calais). Secrétaire du *Progrès artistique*. Auteur d'une vingtaine de mélodies, d'une tarentelle donnée à l'Opéra-Comique et de *la Jarretière* jouée au Théâtre de la Galerie-Vivienne. Critique musical, a écrit sur Montigny et l'Ecole flamande du xve siècle.

Meusy (Victor). — Né à Paris en 1856. Spirituel auteur de chansons politiques et de monologues applaudis en différents concerts : *Chansons d'hier et d'aujourd'hui*, *Chansons modernes*, etc.

Michiels (Gustave). — Né à Bruxelles en 1848. Elève de Fétis. 1er prix au Conservatoire de Bruxelles. Auteur d'un grand nombre de compositions pour orchestre, piano, chant, opérettes, etc. Ses *Czardas* sont célèbres. A donné à l'Opéra-Comique *Colombine* (1890). A mis en musique des chansons de Richepin brillamment interprétées par Mme Graindor, sa femme.

Missa (Edmond). — Né à Reims en 1861. Elève de Massenet. Prix Cressent avec *Juge et partie* à l'Opéra-Comique (1886). Auteur, entre autres pièces, de *la Belle Sophie*, 3 actes, *Dinah*, 4 actes, *Ninon de Lenclos*, 5 actes, à l'Opéra-Comique (1895); plus un nombre considérable de mélodies, pièces d'orchestre, etc.

Nibor (Yann). — Pseudonyme de Jean Robin. Commença par mettre en musique des chansons de *la Mer*, de Richepin. Puis publia lui-même des chants de matelots dont quelques-uns sont populaires à bord de nos navires.

Paulin (Gaston). — Né à Beaune en 1861. Élève de Th. Dubois et Guiraud. A fait représenter *l'Heure du berger*, *Illusions perdues*, *Pierrot rouge*, *Orsowa*, etc. A écrit de nombreuses musiques de scène, mélodies, pièces de piano, etc.

Pfeiffer (Georges). — Né à Versailles en 1835. Très connu par ses œuvres de piano et ses œuvres didactiques, concertos et études. A donné au théâtre *l'Enclume*, *le Légataire universel* et *Jacqueline*.

Puget (Paul). - Né à Nantes en 1848. Élève de V. Massé. Prix de Rome en 1873. A donné au théâtre *le Signal* (1886), et a publié une centaine de mélodies, pièces pour piano, violon, orchestre et chœurs, *Ulysse et les Sirènes*, etc. A écrit la musique de scène de *Lorenzaccio* pour la Renaissance (1896).

Pugno (Raoul). — Né à Paris en 1852. Obtint le premier prix de piano au Conservatoire, à treize ans, puis, successivement, tous les premiers prix. Organiste et maître de chapelle pendant vingt ans. Professeur au Conservatoire. Virtuose très applaudi, auteur de *la Résurrection de Lazare*, oratorio (1879). A fait jouer : *Ninetta*, *le Valet de cœur*, *Viviane*, *Pour le drapeau*, etc. A écrit : *les Soirs*, quatre *Pièces romantiques*, etc.

Reyer (Ernest). — Né à Marseille en 1823. Élève de Berlioz. Ses principales œuvres sont : *le Sélam* (1850), *Maître Wolfram*, *Sakountala*, *la Statue*, *Erostrate*, *Salammbô*, opéra tiré du roman de G. Flaubert (1890), et surtout *Sigurd* (1871) ; puis des hymnes, une cantate, etc. Critique musical au *Journal des Débats*. Bibliothécaire de l'Opéra. Commandeur de la Légion d'honneur. Membre de l'Institut.

Rousseau (Samuel). — Né à Neuvemaison (Aisne) en 1853. Premier prix d'orgue (classe César Franck) et grand prix de Rome (classe Bazin). Prix Cressent avec *Dianorah* (1879). Prix de la ville de Paris avec *Merowig* (1892). A écrit un grand nombre de pièces pour le piano, l'orgue, le chant et l'orchestre. Son œuvre religieuse est très importante : un *Libera me Domine*, etc. Est maître de chapelle à Sainte-Clotilde et chef des chœurs au Conservatoire.

Salabert (William). — Petit-neveu du célèbre organiste Novello. Étudia la musique et l'orgue avec Chauvet. S'est adonné avec succès à la musique légère : morceaux de piano et d'orchestre, marches militaires, mélodies, valses, etc. Directeur du journal : *Le Petit Musicien*.

De Salelles (M.). — Élève de Delibes. Débuta par *la Jeunesse du Tasse*, symphonie (1884), et un prélude de *Moïse*. A écrit plusieurs partitions : *Rebecca*, *Héro et Léandre*, un oratorio de *Sainte Cécile*, de nombreuses œuvres de piano et de chant, trios, quatuors, pantomimes, ballets, etc.

Salvayre (Gaston). — Né à Toulouse en 1847. Élève de Benoît, de Bazin et de Thomas. Premier prix d'orgue et grand prix de Rome (1872). Ses opéras : *le Bravo, le Fandango,* ballet, *la Dame de Montsoreau, Egmont, Richard III.* Auteur de nombreuses pages symphoniques, pièces vocales et instrumentales. Chevalier de la Légion d'honneur.

De Sivry (Charles). — Beau-frère du poète Paul Verlaine. Connu par sa collaboration au cabaret parisien *le Chat Noir.* A écrit de la musique de scène pour des représentations d'ombres chinoises, un ballet indou *le Cœur de Sita,* sur un livret de l'orientaliste G. de Barrigue de Fontainieu, une cantate sur *Christophe Colomb,* des opérettes, des pantomimes, etc.

Thuillier (Edouard). — Fut trois fois lauréat au Conservatoire. Ses compositions sont très répandues : *la Petite Alsacienne, Mon ange gardien,* etc. Auteur du *Virtuose classique,* réédition des œuvres des maîtres du piano, et de morceaux classiques pour les enfants.

Tiersot (Julien). — Né à Bourg. Élève de Savard, Massenet et César Franck. Bibliothécaire au Conservatoire. A publié une *Histoire de la chanson populaire en France,* couronnée par l'Institut, un livre sur *Rouget de Lisle,* etc. Auteur d'une reconstitution musicale du *Jeu de Robin et de Marion,* du trouvère Adam de la Halle, et de plusieurs compositions pour le chant et pour l'orchestre.

De la Tombelle (F.). — Né en 1854. Élève de Guilmant et Th. Dubois. Son œuvre est en grande partie symphonique, mais il a composé aussi des chœurs et de nombreuses mélodies. Auteur d'une collection importante de pièces d'orgue, de concert et d'œuvres de musique de chambre ou d'orchestre, qui lui ont valu divers prix et, en 1896, le prix de l'Institut.

Vidal (Paul). — Né à Toulouse en 1863. Élève de Massenet. Grand prix de Rome. Chef d'orchestre à l'Opéra. Professeur au Conservatoire. Œuvres principales : *Colombine pardonnée,* pantomime, avec Paul Margueritte ; *Noël,* avec Maurice Bouchor ; musique de scène du *Baiser* de Théodore de Banville ; *la Maladetta,* ballet, avec M. Gailhard ; *Guernica,* drame lyrique à l'Opéra-Comique, avec MM. Gheusi et Guilhard, etc. ; plus un grand nombre de mélodies, etc., *la Vendange,* sur des couplets de M. Marc Legrand.

Weckerlin (J.-B.). — Né en 1821 à Guebwiller (Alsace). Étudia à Strasbourg, puis à Paris, fut élève d'Halévy. Débuta au théâtre par *l'Organiste* (1852). Auteur d'innombrables morceaux de musique d'orchestre, de musique vocale (*Chansons populaires,* etc.) et de musique religieuse. Bibliothécaire au Conservatoire. A publié plusieurs volumes très intéressants sur nos anciennes chansons populaires. Officier de la Légion d'honneur.

Willy (Colette). — Ce pseudonyme cache la femme de M. H. Gautier-Villars, écrivain humoriste et critique musical érudit (*Willy,* dans le journalisme).

L'AME ENFANTINE

I. — *La Famille.*

I. — L'ŒUF DE PAQUES

2ᵉ Couplet.

Mais à la vitrine elle voit
Et vite elle a montré du doigt
L'œuf le plus gros, plein de dragées
Et noué de faveurs frangées.

3ᵉ Couplet.

— C'est le plus gros que tu choisis ?
— Oui, le plus gros, répond Lucy,
Pour que chez nous on le partage :
Chacun en aura davantage.

2. — PÈRE ET MÈRE

Sur l'air : *Combien j'ai douce souvenance.*

(CHATEAUBRIAND.)

2ᵉ Couplet.

Longtemps ma mère sut me tendre,
Pour me nourrir, son sein si tendre,
Dans mon berceau, loin du soleil,
    M'étendre
Et veiller jusqu'à mon réveil
    Sur mon sommeil.

3ᵉ Couplet.

Père m'évita la souffrance
Et mit en moi son espérance :
C'est lui qui m'apprit à chérir
    La France.
Jamais en moi son souvenir
    Ne peut périr.

4ᵉ Couplet.

Aussi, plus tard, bonheur suprême,
Je protégerai ceux que j'aime,
Comme ils m'ont protégé jadis
       Eux-mêmes,
Luttant, s'il faut, un contre dix,
       Comme un bon fils !

Musique   Paroles

3. — SŒURETTE ET FRÉROT

DE Georges Pfeiffer.   DE Marc Legrand.

2e Couplet.

Qui a le cou blanc et la main proprette?
C'est sœurette.
Qui a lèvre rose et front d'angelot?
C'est frérot.
Qui porte au goûter figues et noisettes?
C'est sœurette.
Qui porte au goûter tarte d'abricot?
C'est frérot.

3° Couplet.

Qui joue au volant avec sa raquette?
C'est sœurette.
Qui joue au cheval avec des grelots?
C'est frérot.
Qui mange la soupe à pleines assiettes?
C'est sœurette.
Et qui de bon cœur mange le fricot?
C'est frérot.

4° Couplet.

Qui cueille au pré vert une pâquerette?
C'est sœurette.
Qui cueille bluet et coquelicot?
C'est frérot.
Qui pour grand-papa tient la chaufferette?
C'est sœurette.
Qui pour grand'maman ajoute un fagot?
C'est frérot.

5° Couplet.

Qui au mardi gras s'habille en pierrette?
C'est sœurette.
Qui au mardi gras s'habille en pierrot?
C'est frérot.
Qui joue à la dame avec les fillettes?
C'est sœurette.
Qui joue au monsieur avec les marmots?
C'est frérot.

6° Couplet.

Qui à son papa, le soir, fait bisette?
C'est sœurette.
Qui à sa maman donne un bon bécot?
C'est frérot.
Qui, le cœur content, dort dans sa couchette?
C'est sœurette.
Qui, le cœur content, dort comme un sabot?
C'est frérot.

Musique
DE
F. Jacotot.

4. — RONDE DE PETITES FILLES

Paroles
DE
Marc Legrand.

2e Couplet.

Je veux un joli chat blanc,
Un chat sans griffe et sans dents :
S'il miaule, on lui donnera
Du lait qu'il avalera.

3⁰ Couplet.

Je veux un beau perroquet
Qui me dise cent caquets :
S'il chante, on lui donnera
Du biscuit qu'il croquera.

4ᵉ Couplet.

Je veux un petit mouton
Aussi doux que du coton :
S'il bêle, on lui donnera
De l'herbe qu'il mangera.

5ᵉ Couplet.

Je veux un petit lapin
Qu'on caresse avec la main :
S'il tremble, on lui donnera
Du chou qu'il grignotera.

6ᵉ Couplet.

Je veux un chien diligent
Avec un collier d'argent :
S'il mord, on lui donnera
Le fouet qu'on décrochera.

Musique
DE
Ch. Bordes.

5. — NOËL

Paroles
DE
Marc Legrand

2ᵉ Couplet.

Petits enfants qui sommeillez,
Que l'espoir dans un rêve agite,
Cette nuit, quelqu'un vous visite
Et garnit vos petits souliers.
Combien sont sans souliers, bottines ni galoches !
Noël !
Sonnez, cloches,
Dans le ciel !

3ᵉ Couplet.

Vous trouverez de beaux cadeaux,
En ouvrant demain la paupière :
Jouets brillant à la lumière,
Beaux livres, bonbons et gâteaux.
Combien sont sans jouets, sans bonbons ni brioches !
Noël !
Sonnez, cloches,
Dans le ciel !

4ᵉ Couplet.

Le ciel est froid, l'air ténébreux.
Petits rois et petites reines,
Enfants, si fiers de vos étrennes,
N'oubliez pas les malheureux !
Enfants, ouvrez les mains ! Enfants, videz vos poches !
Noël !
Sonnez, cloches,
Dans le ciel !

Musique
DE
Raoul Pugno.

6. — GRAND'MÈRE LISON

Paroles
DE
Marc Legrand.

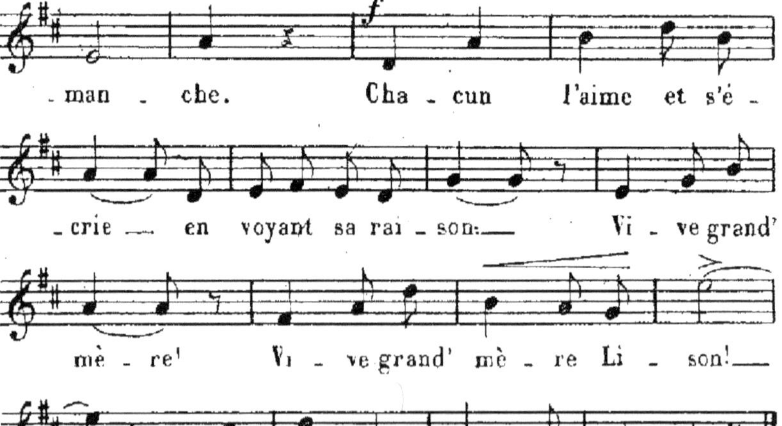

2° Couplet.

Naguère (j'étais tout petit)
Quand je n'avais pas d'appétit,
Elle me mettait ma serviette,
Me contant une historiette,
Et s'y prenait, ma foi, si bien
Qu'à la fin, sans songer à rien,
Je finissais toute l'assiette !
Et je dis, maintenant que je suis grand garçon :
Vive grand'mère Lison !
C'est l'honneur de la maison.

3e Couplet.

C'est par elle aussi que j'appris
A mériter mon premier prix.
Ce fut le meilleur de mes maîtres.
Sur le banc, près de la fenêtre,
Auprès du mien, elle courbait
Son front tremblant sur l'alphabet
Et du doigt m'indiquait les lettres.
Aujourd'hui c'est tout seul que j'apprends ma leçon.
Vive grand'mère Lison !
C'est l'honneur de la maison.

4° Couplet.

Depuis lors, je veux, en retour
De tant de soins, de tant d'amour,
La servir avec tout mon zèle.
C'est moi, lorsque son pied chancelle,
Qui vais lui chercher l'escabeau ;
C'est moi, lorsque le temps est beau,
Qui sors sur la route avec elle.
Souvent, pour l'égayer, je chante une chanson.
Vive grand'mère Lison !
C'est l'honneur de la maison.

Musique
DE
Paul Bigarelle.

Paroles
DE
Marc Legrand.

7. — BERCEUSE

2e Couplet.

Dormez, vous verrez le ciel en vos songes,
Un ange avec vous prendra ses ébats.
— Mais l'enfant, sans croire au divin mensonge,
Détournait la tête et ne dormait pas.

3e Couplet.

Dormez, vous aurez un livre d'images
Où nains et géants font de grands combats.
— Mais se rappelant quelque belle page,
L'enfant frémissait et ne dormait pas.

4e Couplet.

Si vous ne dormez ce soir, disait-elle,
Pour marcher demain vous serez bien las.
— Mais sans écouter la voix maternelle,
L'enfant souriait et ne dormait pas.

5ᵉ Couplet.

Si vous ne dormez, avec votre mère
Vous ne viendrez plus cueillir du lilas.
— Mais sans abaisser encor sa paupière,
L'enfant soupirait et ne dormait pas.

6ᵉ Couplet.

Si vous ne dormez, cela me désole,
Vous ferez pleurer notre cœur tout bas...
— Et la mère vit, à cette parole,
S'endormir l'enfant bercé dans ses bras.

Musique
DE
C.-M. Widor.

8. — LE RÉVEILLON

Paroles
DE
Marc Legrand.

Allo

2ᵉ Couplet.

Que l'on apporte vite
Le boudin pour souper,
Puis la dinde bien cuite
Que l'on va découper :
Amis, quelle bombancé !
Voyez ces beaux grains ronds
Qui lui gonflaient la panse :
Eh ! ce sont les marrons !
        Holà ! mes amis !
        Le couvert est mis :
        C'est le réveillon.
        Chantons et rions !

3ᵉ Couplet.

Mais dehors il fait sombre,
Il fait froid, il fait vent.
On dit qu'on voit dans l'ombre
Grelotter des enfants :
Sans perdre une seconde,
Qu'on les invite aussi !
De tout le pauvre monde
Il faut avoir souci.
        Holà ! mes amis !
        Le couvert est mis.
        Du pauvre en haillons
        C'est le réveillon !

Musique
DE
Gaston Paulin.

9. — LA PIÈCE BLANCHE

Paroles
DE
Marc Legrand.

2e Couplet.

Aussitôt Marcel dans sa tête
Cherche comment les dépenser.
Devant un bazar il s'arrête ;
Il veut choisir sans se presser.
Au brillant étalage il regarde, il se penche :
Que peut-on acheter pour une pièce blanche ?

3ᵉ Couplet.

Voici des boîtes à musique,
De beaux soldats coulés en plomb,
Des pantins, des jeux mécaniques,
Et des cerceaux et des ballons :
Et l'enfant indécis et le poing sur la hanche
Tient toujours en ses doigts sa belle pièce blanche.

4ᵉ Couplet.

Mais près de lui passe, rapide,
Une marchande de bouquets.
Cette fois Marcel se décide,
Il en prend un des plus coquets :
Pour offrir à maman, dont c'est fête dimanche,
Il achète des fleurs avec sa pièce blanche.

Musique
DE
Yann Nibor.

10. — DODO

Paroles
DE
Marc Legrand.

2ᵉ Couplet.

Porté dans mes bras,
Votre petit corps me pèse :
Porté dans mes bras,
Mon enfant s'endormira.
Alors, doux, tout doux,
Je m'assoirai sur la chaise ;
Alors, doux, tout doux,
Je dormirai près de vous.

3ᵉ Couplet.

Dormez, tout s'endort :
Tout dans la maison sommeille.
Dormez, tout s'endort :
Là-haut brille l'astre d'or.
Ah! gardez toujours
Ma chanson dans votre oreille ;
Ah! gardez toujours
Dans votre cœur mon amour.

Musique

DE

F. Le Borne.

Paroles

DE

Marc Legrand.

11. — LE JOUR DES MORTS

2ᵉ Couplet.

Ah! quelle douleur profonde,
Père ou mère, frère ou sœur,
Le jour où soudain pour un autre monde
Vous avez quitté la famille en pleurs!

3ᵉ Couplet.

Près de la funèbre couche
On posa du buis bénit,
Puis on vous ferma les yeux et la bouche :
Et nous pleurions tous, rangés près du lit.

4ᵉ Couplet.

Las! vos paupières sont closes,
Le son de vos voix s'est tu :
Mais nous vous dressons des autels de roses
Et nous garderons toutes vos vertus!

Musique
DE
12. — LE PAUVRE MATELOT
Paroles
DE

Marcel Legay.   Marc Legrand.

2ᵉ Couplet.

Mais il trouve la porte ouverte.
Autour de la maison en deuil,
L'herbe pousse et cache le seuil.
Il entre : la chambre est déserte !
Ah ! j'ai passé les vents et les courants :
Où sont mes vieux parents ?

3ᵉ Couplet.

Nul ne répond dans la chaumière !
Seul un chien gémit sur ses pas,
Marche devant et, le front bas,
Le mène jusqu'au cimetière...
Ah ! j'ai passé les vents et les courants
Et sont morts mes parents !

4ᵉ Couplet.

Disant ces mots, il perd courage,
Sur leur tombe il cueille une fleur
Et rembarque, fou de douleur,
Malgré la tempête et l'orage.
Ah ! dans la mer le matelot mourant
A rejoint ses parents !

Musique
DE
Georges Hüe.

13. — DIGI DAIN DON !

Paroles
DE
Marc Legrand.

2ᵉ Couplet.

De pierre il est construit.
Les vives hirondelles
Y volent en circuit
Et les hiboux de nuit
Y vont cogner leurs ailes.
Pour nous fêter...

3ᵉ Couplet.

Écoutez ! le sonneur
Se suspend à la corde
Et sonne avec ardeur :
C'est fête, et le bonheur
De tous les cœurs déborde.
Pour nous fêter...

4ᵉ Couplet.

Puis c'est la mort, hélas !
Qui frappe à nos demeures,
On marche le front bas :
Le sonneur sonne un glas
Pour celui que l'on pleure.
Pour nous fêter...

Musique
DE
Eug. Gazier.

14. — LES TROIS CHANTEURS DÉLIVRÉS [1]

(Légende).

Paroles
DE
Marc Legrand.

1. D'après une chanson populaire du Piémont.

2ᵉ Couplet.

Le plus jeune commence,
L'aîné dit le refrain :
Et sur la mer immense
S'arrête le marin ;
Le laboureur en plaine
Arrête son sillon ;
Le faucheur hors d'haleine
Arrête sa moisson.

3ᵉ Couplet.

L'entend une mésange :
Arrête son doux chant;
L'entend le roi qui mange
Et s'arrête en mangeant;
Dit à son entourage :
« Quels sont ces prisonniers?
« D'un je veux faire un page,
« D'un autre un écuyer.

4ᵉ Couplet.

« L'autre à mon écurie
« Tiendra mes palefrois :
« Pour que, toute ma vie,
« J'entende encor leurs voix. »
Sont trois frères en France
Qui sortent de prison :
Ils ont leur délivrance
Pour leur belle chanson.

II. — *La Nature.*

Musique
DE
G. Michiels.

15. — LES VACANCES A LA MER

Paroles
DE
Marc Legrand.

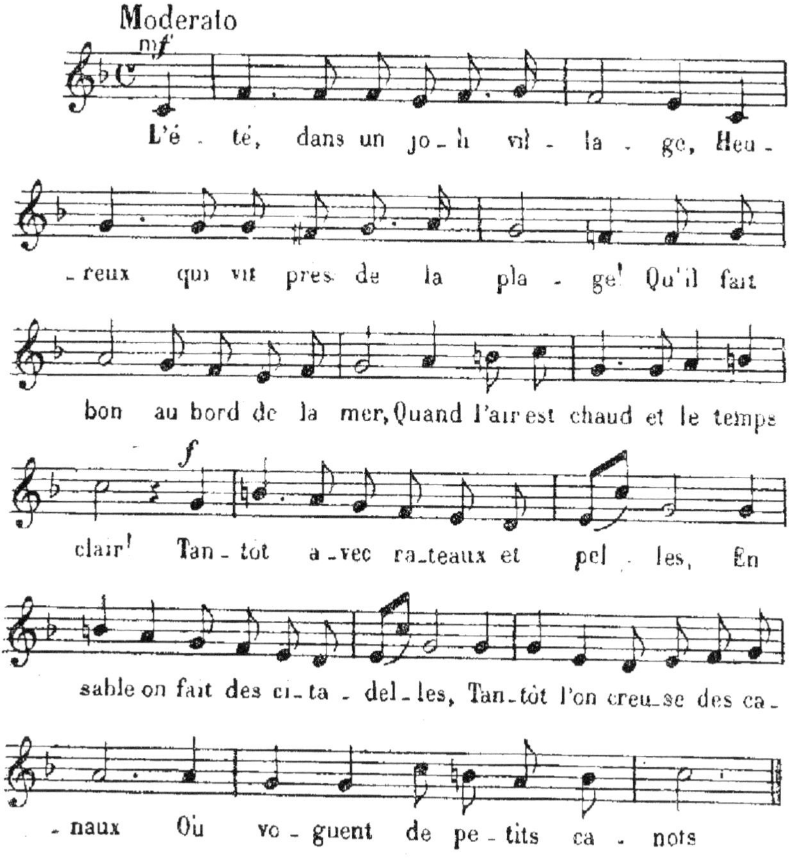

2e Couplet.

Puis pour le bain l'on se costume ;
On nage, ou l'on fait de l'écume ;
De la mer on sort fatigué,
Mais le teint rose et le cœur gai.
Ainsi les vacances se passent.
Puis il faut que l'on rentre en classe.
Mais on rapporte de l'été
Beaucoup de force et de santé.

Musique
DE
Vincent d'Indy.

16. — LA BONNE TERRE

Paroles
DE
Marc Legrand.

2ᵉ Couplet.

La terre est verte, au doux printemps.
— Vive la bonne terre! —
Le soleil luit sur les étangs,
Tous les nids sont chantants.
Alors, sur la jachère
Le brave paysan
Pousse le soc luisant.
— Vive la bonne terre!

3ᵉ Couplet.

La terre est blonde, aux mois d'été.
— Vive la bonne terre ! —
Les épis qu'on va récolter
Ont chaleur et clarté.
Le ruisseau désaltère
La soif des moissonneurs
Et des rudes faneurs.
— Vive la bonne terre ! —

4ᵉ Couplet.

L'automne vient : le sol bientôt
— Vive la bonne terre ! —
Porte comme un rouge manteau
Les vignes du coteau :
Et les fruits salutaires,
Mûrs pour être mangés,
Sont cueillis aux vergers.
— Vive la bonne terre ! —

Musique
DE
Théod. Dubois.

17. — LE MATIN
(D'après Longfellow).

Paroles
DE
Marc Legrand.

2ᵉ Couplet.

Il annonce à tous le soleil
Et dit : « C'est l'heure du réveil! »
Il dit à l'arbre, en son voyage :
« Déploie au jour ton vert feuillage,
     « Ton vert feuillage! »

3ᵉ Couplet.

Il dit aux oiseaux : « Hors du nid!
« Le temps des rêves est fini. »
Il dit au coq lustrant sa plume :
« Chante, beau coq, le jour s'allume,
     « Le jour s'allume! »

4ᵉ Couplet.

Il murmure aux champs assoupis:
« C'est moi, courbez vos blonds épis. »
Il dit au clocher dans l'aurore :
« Fais retentir ta voix sonore,
    « Ta voix sonore! »

5ᵉ Couplet.

Il dit enfin à l'écolier :
« Debout! Reprends livre et cahier.
« Voici qu'un jour nouveau se lève :
« Travaille et sois un bon élève,
    « Un bon élève !»

Musique
DE
Ch. Malherbe.

18. — LE CHÊNE

Paroles
DE
Marc Legrand.

2ᵉ Couplet.

Le temps passe. L'hiver vient.
De lui nul ne se souvient.
Mais il n'est pas mort, l'arbuste !
Et, chaque avril, bourgeonnant,
Il dresse au ciel rayonnant
Un tronc toujours plus robuste.

3ᵉ Couplet.

Sur ses branches réunis,
Des oiseaux feront leurs nids,
Se confiant dans sa force,
Et les abeilles du ciel
Viendront déposer leur miel
Dans le creux de son écorce.

4ᵉ Couplet.

De même l'enfant grandit.
Il est d'abord bien petit,
Perdu dans la foule humaine :
Bientôt homme il deviendra
Et pour ses pareils sera
Fort et bon comme le chêne.

Musique
DE
Émile Legrand.

19. — LE BLÉ

Paroles
DE
Marc Legrand.

Allegro moderato

2ᵉ Couplet.

Hé! là-bas! les jeunes filles!
Vient le temps de la moisson.
Hé! là-bas! les fiers garçons!
Prenez tous faux et faucilles.
Il est mûr, le champ de blé :
Voyez ces épis superbes.
Au champ de blé
Allez couper les gerbes!

3ᵉ Couplet.

Mais il faut laisser la paille
Et garder les grains nouveaux :
Chacun à coup de fléaux
Frappe sur l'aire et travaille.
Bientôt le lourd sac de blé
Vers le moulin s'achemine,
    Le sac de blé
Dont on fait la farine.

4ᵉ Couplet.

Pour rendre la pâte blanche
Légère et bonne à manger,
Les bras nus, le boulanger
Sur le grand pétrin se penche ;
Puis il cuit le pain de blé
Dont il faut être économes,
    Le pain de blé,
Qui nourrit tous les hommes.

Musique
DE
E.-J. Gravollet.

20. — LE PRINTEMPS

Paroles
DE
Marc Legrand.

2e Couplet.

Hier j'ai découvert
Une violette
Qui germait seulette
Dans le gazon vert :
Demain nous verrons son calice ouvert.

3e Couplet.

Regardez briller
Aux bourgeons la sève !
Quand le jour se lève,
Sur mon oreiller
Son premier rayon vient me réveiller.

4e Couplet.

Nous pourrons, contents,
Sortir, le dimanche.
Aubépine blanche,
Rosiers éclatants
Fleuriront bientôt : c'est le gai printemps !

2e Couplet.

Dès l'aube, demain,
Il faut que l'on sorte
Et que chacun porte
Son panier à la main.

3e Couplet.

Faisons au coteau
Cueillette nouvelle :
Si chacun s'en mêle,
On finira bientôt.

4e Couplet.

Des doigts et des dents
Que toute la troupe
Soigneusement coupe
Les grains mûrs et pendants.

5e Couplet.

Si quelque gourmand,
Pendant la vendange,
Un peu trop en mange,
Gare au prompt châtiment !

6e Couplet.

Bientôt, blanc ou noir,
Le raisin abonde
Dans la cuve ronde :
Allons vite au pressoir !

Musique
DE
Samuel Rousseau.

22. — LA PLUIE

Paroles
DE
Marc Legrand.

2ᵉ Couplet.

La nuit tombe, plus profonde.
Qu'il faisait beau ce matin !
Maintenant la foudre gronde,
    L'éclair brille et s'éteint.
La pluie inonde la terre,
Frappe l'arbre du verger,
Et là-bas elle a fait taire
    Les chants du gai berger. } *bis*

3ᶜ Couplet.

Les moutons, peureux, s'assemblent ;
L'averse choit du ciel gris ;
Et, muets, les oiseaux tremblent
    Sous leurs frêles abris...
Demain nos fenêtres closes
S'ouvriront au jour plus pur :
Nous verrons briller les roses
    Plus fraîches sous l'azur ! } *bis*

Musique
DE
Charles Widor.

Paroles
DE
Marc Legrand.

23. — MARCHE

2e Couplet.

Un chariot sur la route
Passe et longtemps on écoute
Les grelots du limonier.
Il roule dans la poussière
Et laisse bien en arrière
Les écoliers qui vont à pied.

3ᵉ Couplet.

Marchons gaîment ! Sur la berge,
Nous trouverons une auberge :
Quel appétit nous aurons !
Alors vive l'omelette,
Le fromage et la galette
Qu'à belles dents nous mangerons !

Musique
DE
Paul Puget.

24. — QUE DIT, QUE DIT?

Paroles
DE
Marc Legrand.

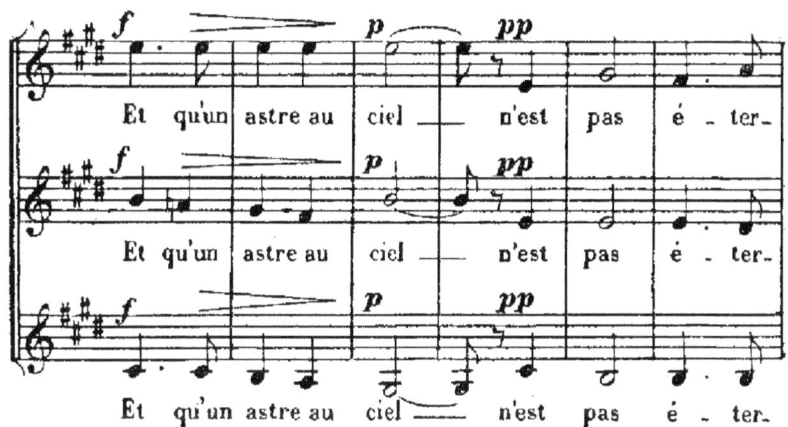

2ᵉ Couplet.

Que dit, que dit la fleur du sentier ?
— Elle dit, la fleur près d'éclore,
Que d'autres fleurs comme elle ici naîtront encore
Et que son parfum mourra tout entier.

3ᵉ Couplet.

Que dit, que dit la vague des mers ?
— Elle dit, la vague qui passe,
Que le rocher la brise et que le vent la chasse,
Et que le soleil la boit dans les airs.

4ᵉ Il nous
4ᵉ Que dit, que dit le Monde en son cours? Il nous
4ᵉ Il nous

dit, Quand on veut l'en-ten-dre, Que tout è-tre pé-
dit, Quand on veut l'en-ten-dre, Que tout è-tre pé-
dit, Quand on veut l'en-ten-dre, Que tout è-tre pé-

-rit, que tout corps devient cen-dre Et que seul l'Es-
-rit, que tout corps devient cen-dre Et que seul l'Es-
-rit, que tout corps devient cen-dre Et que seul l'Es-

_prit doit du _ rer ____ tou _jours.__
_prit doit du _ rer ____ tou _ jours.__
_prit doit du _ rer ____ tou _ jours.__
FIN

III. — *Les Animaux.*

25. — AIMONS LES BÊTES

Musique de F. de la Tombelle. — Paroles de Marc Legrand.

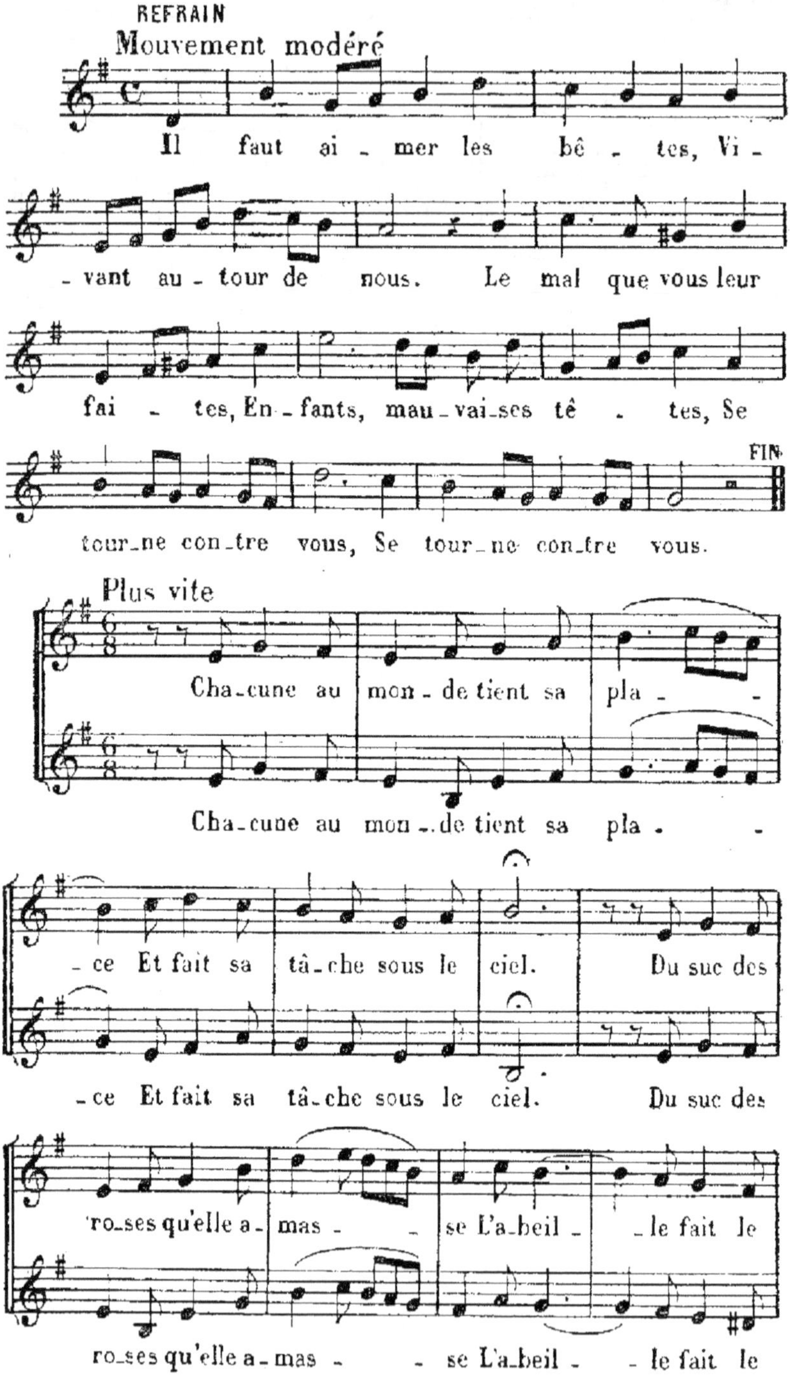

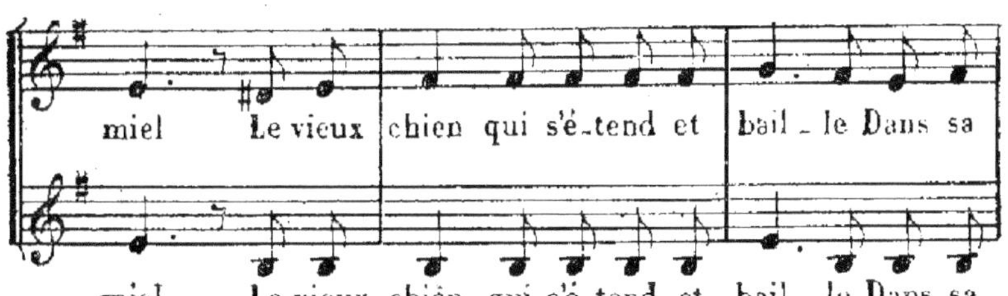

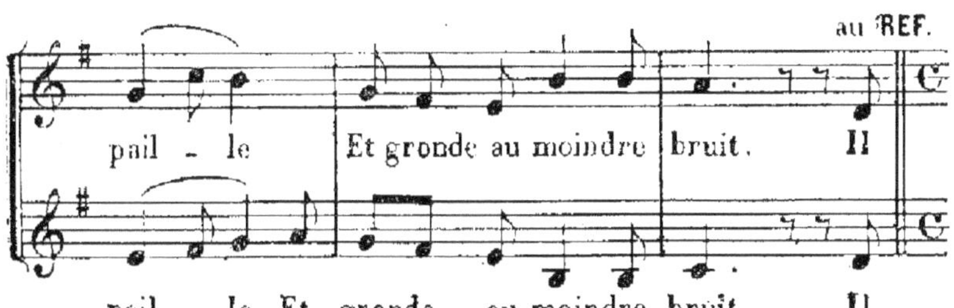

2ᵉ Couplet.

Le bœuf, d'un pas plein de noblesse,
Tire la charrue au sillon,
On est cruel quand on le blesse
   Du bout de l'aiguillon.
Le cheval, la bonne monture
Qui court si vite et va si loin,
Qui porte l'homme ou la voiture,
   Que lui faut-il ? Du foin !

3ᵉ Couplet.

L'alouette au joli langage
Fait son nid parmi les blés mûrs,
Le rossignol dans le bocage,
   L'hirondelle à nos murs.
Que jamais une main méchante
Ne touche à leurs œufs tremblotants !
Ce sont eux dont la voix nous chante
   La douceur des printemps.

Musique
DE
Edmond Diet.

26. — MIÂOU

Paroles
DE
Marc Legrand.

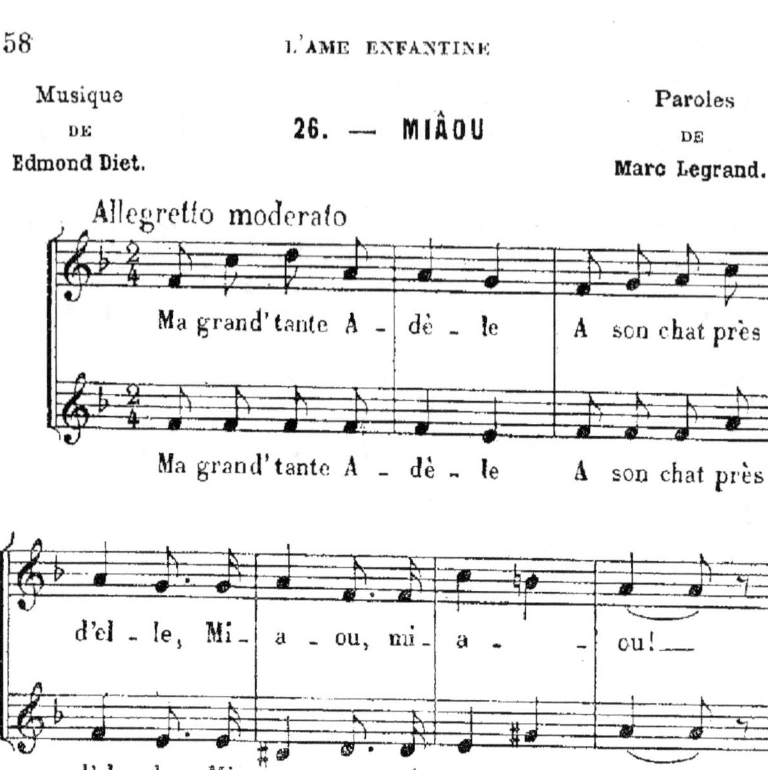

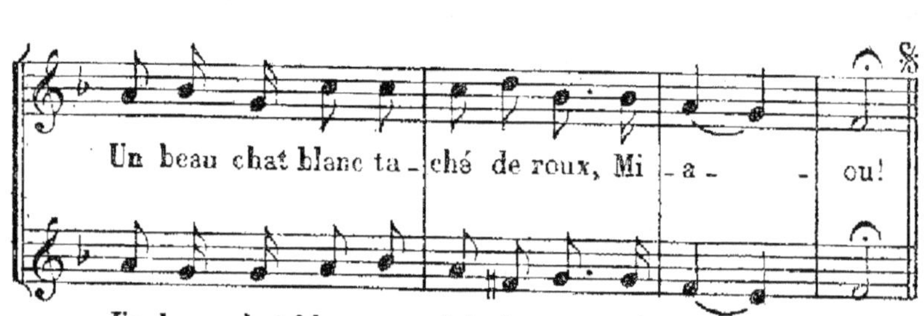

2ᵉ Couplet.

S'il est en colère,
Sa prunelle claire
Miâou!
Miâou!
Brille comme l'œil d'un hibou.

3ᵉ Couplet.

Mais avec ma tante,
Sa vie est contente,
Miâou !
Miâou !
Le soir, il dort sur ses genoux.

4ᵉ Couplet.

Quand elle tricote,
Avec sa pelote
Miâou !
Miâou !
Il joue et roule un peu partout.

5ᵉ Couplet.

De bon lait il dîne
Dans une terrine,
Miâou !
Miâou !
Et soupe avec un peu de mou.

6ᵉ Couplet.

Si par imprudence
Quelque souris danse,
Miâou !
Miâou !
Vite il l'attrape au bord du trou.

7ᵉ Couplet.

Lorsqu'il s'aventure
Sur notre toiture,
Miâou !
Miâou !
On l'entend miauler comme un fou.

8ᵉ Couplet.

Quand nul ne l'agace
Ou ne le tracasse,
Miâou !
Miâou !
C'est le plus gentil des matous.

Musique
DE
Raynaldo Hahn.

27. — L'ALOUETTE

Paroles
DE
Marc Legrand

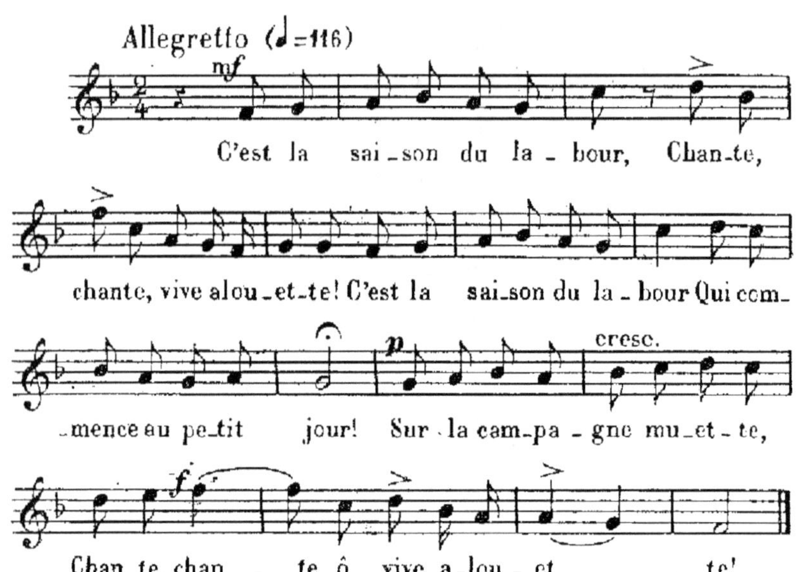

2ᵉ Couplet.

Quand on creuse le sol dur,
— Chante, chante, vive alouette! —
Quand on creuse le sol dur,
Tu t'élèves dans l'azur.
Là-haut, là-haut, sur nos têtes,
Chante, chante, ô vive alouette!

3ᵉ Couplet.

Les deux bœufs au front penchant
— Chante, chante, vive alouette! —
Les deux bœufs au front penchant
Sont animés par ton chant.
Leur tâche en sera mieux faite.
Chante, chante, ô vive alouette!

4ᵉ Couplet.

Tu fus chère à nos aïeux,
— Chante, chante, vive alouette ! —
Tu fus chère à nos aïeux,
Gaulois libres et joyeux.
Pour mettre nos cœurs en fête,
Chante, chante, ô vive alouette !

Musique
DE
F. de Ménil.

Paroles
DE
Marc Legrand.

28. — LE PETIT OISEAU

2e Couplet.

Tout seul, le pauvre mignon
S'agite et tremble.
Viens, mon gentil compagnon,
Viens à moi, que nous dînions
Tous deux ensemble.
Oh! comme il tremble!

3e Couplet.

Orphelin que j'ai trouvé,
Viens, qu'on t'emporte!
Car celle qui t'a couvé,
Depuis que tu t'es sauvé,
Sans doute est morte.
Viens, qu'on t'emporte!

4e Couplet.

Viens, puis quand tu seras
Cher infidèle, [grand,
Tu t'en iras, libre, errant
Par delà plaine et torrent
A tire-d'aile,
Cher infidèle!

Musique
DE
Henry Eymieu.

29. — LE CHIEN MORT

Paroles
DE
Marc Legrand.

2e Couplet.

Autant qu'un homme
Il me servait,
Prenant son somme
A mon chevet,
Courant sans cesse
Sur mon chemin
Et de tendresse
Léchant ma main.

3e Couplet.

Adieu gambades
Et gais transports!
Mon camarade,
Mon Black est mort
Et, de sa chaîne
Bien délivré,
Sous le grand chêne
Est enterré.

Musique
DE
Victor Meusy.

30. — LES CRAPAUDS

Paroles
DE
Marc Legrand.

2ᵉ Couplet.

Ils chantent : « Nous sommes
Haïs par les hommes :
Nous troublons leurs sommes
De nos tristes chants.
Pour nous point de fêtes !
Dieu seul, sur nos têtes,
Sait qu'il nous fit bêtes
Et non pas méchants.
Notre peau terreuse
Se gonfle et se creuse ;
D'une bave affreuse
Nos flancs sont lavés,
Et l'enfant qui passe
Devant nous s'efface
Et, pâle, nous chasse
A coups de pavés !

3ᵉ Couplet.

« Des saisons entières,
Dans les fondrières,
Un trou sous les pierres
Est notre réduit :
Le serpent s'y roule
Près de nous en boule ;
Quand il pleut, en foule
Nous sortons, la nuit.
Parmi les salades
Faisant nos gambades,
Pesants camarades,
Nous allons manger,
Manger sans grimace
Cloporte ou limace,
Ou ver qu'on ramasse
Dans le potager.

4ᵉ Couplet.

« Nous aimons la mare
Qu'un reflet chamarre,
Où dort à l'amarre
Un canot pourri :
Dans l'eau qui la mouille
Sa chaîne se rouille ;
La verte grenouille
Y cherche un abri.
Là, la source épanche
Son écume blanche,
Un vieux saule penche
Au milieu des joncs,
Et les libellules
Aux ailes de tulle
Vont crever les bulles
Au nez des goujons.

5ᵉ Couplet.

« Quand la lune plaque
Comme un vernis laque
Sur la calme flaque
Des marais blafards,
Alors, symbolique
Et mélancolique,
Notre long cantique
Sort des nénuphars.
Orme, chêne ou tremble,
Nul arbre ne tremble :
Au loin, le bois semble
Un géant qui dort.
La nuit est limpide,
L'étang est sans ride,
Dans le ciel splendide
Luit le croissant d'or ! »

4.

Musique
DE
Ed. Thuillier.

31. — LA GRENOUILLE

Paroles
DE
Marc Legrand.

Moderato

2ᵉ Couplet.

Verte comme l'herbe du pré,
Elle a le bord des yeux doré.
Jeannot s'avance vers la rive,
Mais dame grenouille s'esquive! (*bis*)

3ᵉ Couplet.

Il tend la main sans bruit, sans bruit :
Houp! elle saute devant lui !
Il la poursuit dans l'herbe haute :
Houp! elle saute! Houp! elle saute! (*bis*)

4ᵉ Couplet.

Enfin dans l'eau, parmi les joncs,
Elle échappe et fait un plongeon.
Jeannot remue et cherche et fouille,
Il creuse le sable et se mouille...
Mais adieu la belle grenouille !

IV. — *Le Travail.*

Musique
DE
Massenet.

32. — EN AVANT !

Le monde marche...
(Eug. Pelletan.)

Paroles
DE
Marc Legrand.

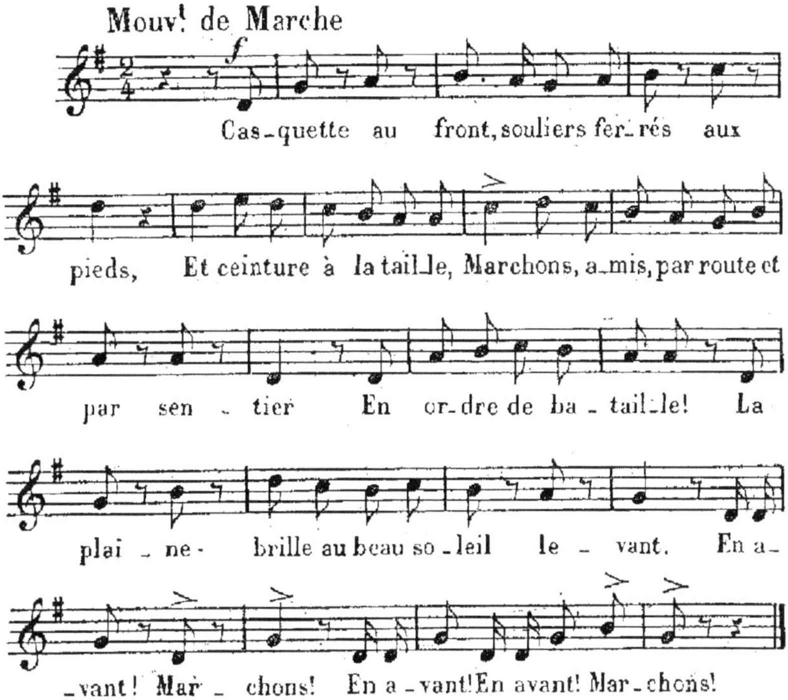

2e Couplet.

Marchons gaîment, les yeux vers l'horizon,
En attendant l'étape.
Là-bas, à l'ombre, assis sur le gazon,
Nous mangerons sans nappe,
Et nous boirons de l'eau du gué suivant.
En avant ! Marchons ! En avant !

3e Couplet.

Marchons gaîment. La marche rend joyeux.
Tout marche dans le monde :
La terre, autour du soleil dans les cieux,
Sans cesse fait sa ronde.
Tout marche : l'eau, le nuage et le vent.
En avant ! Marchons ! En avant !

Musique
DE
Ch. de Sivry.

33. — LE PETIT MISÉREUX
OU
IL NE FAUT PAS MENDIER

Parolos
DE
Marc Legrand.

2ᵉ Couplet.

« Mon père a mangé tout son bien ;
A perdu tout son bien, ma mère.
Moi maintenant, je n'ai plus rien :
Prenez pitié de ma misère. »

3ᵉ Couplet.

Chantant ainsi, l'enfant tremblait,
Vêtu de loques et de pièces,
Attendant, à chaque couplet,
Qu'on lui jetât quelque humble pièce.

4ᵉ Couplet.

Un passant lui tendit la main :
« Viens avec moi gagner ta vie.
Il faut qu'on mérite son pain,
Il ne faut pas qu'on le mendie. »

2e Couplet.

Salut, reine du temps!
Sois bonne à tous et tends
A mon pays de France
Les palmes d'espérance.
Salut, reine du temps!

4e Couplet.

Retiens la paix encor
Aux deux mains pleines d'or,
Et garde nos frontières
Des guerres meurtrières.
Retiens là paix encor.

3e Couplet.

Sois bonne aux écoliers
Au travail réguliers;
Que pour eux la sagesse
Soit la grande richesse!
Sois bonne aux écoliers.

5e Couplet.

Mais fais mûrir le blé
Pour le pauvre attablé
A sa table sans nappe,
Et fais mûrir la grappe,
Et fais mûrir le blé.

6e Couplet.

Et quand tu partiras,
Emporte d'ici-bas
Pour ton œuvre féconde
Tous les regrets du monde,
Lorsque tu partiras.

Musique
DE
Edm. Missa.

Paroles
DE
Marc Legrand.

35. — LES PETITS FUMEURS

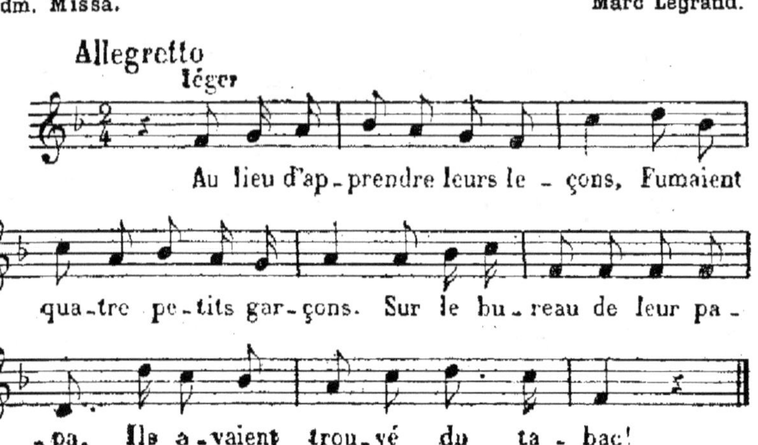

2ᵉ Couplet.

Chacun, n'ayant pas de papier,
Avait découpé son cahier.
L'un se brûle avec un charbon
Et dit : « Fumer, c'est vraiment bon ! »

3ᵉ Couplet.

Le second prend un fier maintien
Et dit : « Ma foi, ça va très bien ! »
Avec des larmes dans les yeux,
L'autre dit : « C'est délicieux ! »

4ᵉ Couplet.

Le plus petit, crachant, toussant,
Dit : « Je suis un homme à présent ! »
Le soir, ils se mirent au lit,
Grelottants et le front pâli.

5ᵉ Couplet.

On les soigna longtemps, longtemps :
Ils redevinrent bien portants.
Ils furent sages désormais :
Ils ne fumèrent plus jamais.

Musique
DE
G. de Salelles.

36. — L'ENTRÉE EN CLASSE

Paroles
DE
Marc Legrand.

2ᵉ Couplet.	**3ᵉ Couplet.**

Regardons le maître
Qui lit ou fait des bâtons,
Et non la fenêtre
Où bourdonne un hanneton.
Soyons propre et sage,
Pour plaire à nos bons parents
Qui d'un gai visage
Nous accueillent en rentrant.

Dans chaque partie
Appliquons-nous tour à tour.
Quand on étudie,
Le temps vous paraît bien
La cloche sonore [court.
Semble dire à l'écolier :
C'est un jour encore
Qu'il te faut bien travailler.

Musique   **37. — LA SORTIE DE L'ÉCOLE**   Paroles

DE   DE

Julien Tiersot.   Marc Legrand.

Modéré

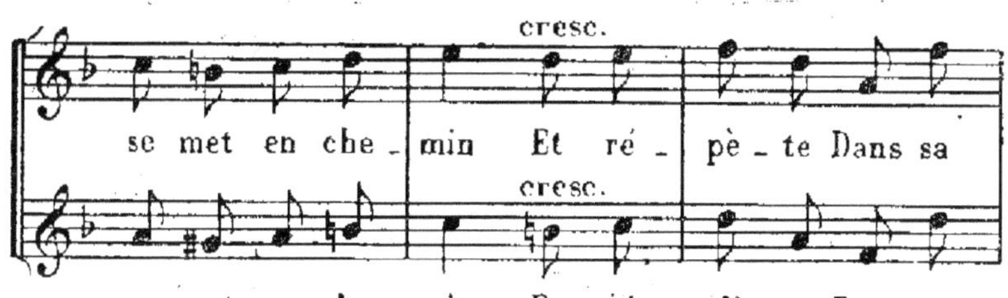

2ᵉ Couplet.

Le bon père
Ou la mère
Demande : as-tu travaillé ?
Écriture ?
Ou lecture ?
Montre-moi livre et cahier.

3ᵉ Couplet.

Oui, ma mère,
Oui, mon père,
De moi vous serez contents.
Je sais lire,
Même écrire :
Je n'ai pas perdu mon temps !

Refrain.

Voici l'heure
La meilleure,
L'heure de rentrer chez nous.
De l'école
L'on s'envole :
Maintenant faisons les fous !

Musique   Paroles
DE   **38. — LE RETOUR DU TRAVAIL**   DE
Henri Lutz.   · Marc Legrand.

2ᵉ Couplet.

— Et bonsoir, mon cher homme,
As-tu bien travaillé?
— J'ai gagné quelque somme
A moissonner le blé.
— C'est fort bien, mon cher homme,
   Nous aurons du pain
   Tout à notre faim.

3ᵉ Couplet.

— Bonsoir, ma bonne femme,
As-tu bien travaillé?
— Au bois j'ai mis la flamme
Et j'ai cuit ton dîné.
— C'est bon, ma bonne femme;
   Mangeons tous les deux
   D'un esprit joyeux.

4ᵉ Couplet.

— Et bonsoir, mon cher homme,
As-tu bien travaillé?
— Oui, c'est moi qu'on renomme
Pour faucher dans le pré.
— C'est fort bien, mon cher homme,
   Va jusqu'à demain
   Reposer ta main.

Musique
DE
F. Jacotot.

Paroles
DE
Marc Legrand.

39. — JEAN L'IVROGNE

2e Couplet.

Il s'assied tout seul sous la treille,
Vide un grand verre, et deux, et trois.
Sa joue a des couleurs vermeilles,
Il sort et va tout de guingois.

3e Couplet.

Son œil s'éteint, son front sommeille :
Pourra-t-il regagner son toit?
Son chapeau lui pend sur l'oreille,
Son col est taché par endroits.

4e Couplet.

Vit-on jamais laideur pareille?
Dans la rue, on le montre au doigt.
Il marche à peine et — c'est merveille —
Trouve le chemin trop étroit !

5ᵉ Couplet.

En voulant chasser une abeille,
Il fait un geste et vlan! il choit.
Juste il choit dans une corbeille
D'œufs qu'il écrase sous son poids.

6ᵉ Couplet.

Lors le marchand d'œufs et d'oseille
Vient sur sa porte et l'aperçoit.
Un gendarme, qui le surveille,
Passe et lui met la chaîne aux doigts.

7ᵉ Couplet.

Et c'est en prison qu'il s'éveille !
Voilà ce qu'on fait, quand on boit.
Du cabaret, le jour de paye,
On ne revient jamais tout droit.

Musique
DE
Laurent de Rillé.

Paroles
DE
Marc Legrand.

40. — LE MENDIANT

2e Couplet.

En vêtements sordides,
Assis sur le bord du chemin,
Un vieux, couleur de parchemin,
Et le front tout couvert de rides,
Leur tendait la main.

3e Couplet.

Jacque dit : « Mon pauvre homme,
Je n'ai sur moi ni sou, ni franc »,
Et s'en fut, l'air indifférent.
Mais Pierre dit : « Du pain, des pommes,
 C'est mon goûter, prends ! »

4e Couplet.

Et Jacque en sa brioche
Mordit bientôt à belles dents ;
Et Pierre avait au même instant
Vides l'estomac et la poche,
 Mais le cœur content !

Musique
DE
Gaston Lemaire.

41. — SI J'ÉTAIS RICHE

Paroles
DE
Marc Legrand.

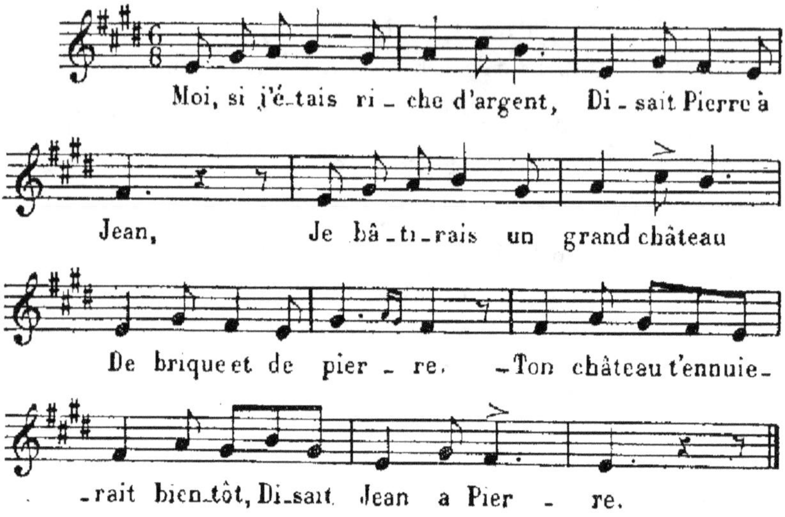

2ᵉ Couplet.

Moi, si j'étais riche d'argent,
 Disait Pierre à Jean,
J'irais à la chasse aux perdreaux,
 La journée entière.
— Tu n'abattrais pas les plus gros,
 Disait Jean à Pierre.

3ᵉ Couplet.

Moi, si j'étais riche d'argent,
 Disait Pierre à Jean,
J'aurais en cave cent tonneaux
 De vin et de bière.
— Bon vin jamais ne vaut bonne eau,
 Disait Jean à Pierre.

4ᵉ Couplet.

Moi, si j'étais riche d'argent,
   Disait Pierre à Jean,
J'aurais un diamant qui luit
   Comme une lumière.
— On te le volerait la nuit,
   Disait Jean à Pierre.

5ᵉ Couplet.

Moi, si j'étais riche d'argent,
   Disait Pierre à Jean,
Je remplirais d'oiseaux chantants
   Toute une volière.
— Partout l'oiseau chante au printemps,
   Disait Jean à Pierre.

6ᵉ Couplet.

Moi, si j'étais riche d'argent,
   Disait Pierre à Jean,
Je voudrais mon nom glorieux
   Sur une bannière.
— Mais ton cœur n'en vaudrait pas mieux,
   Disait Jean à Pierre.

7ᵉ Couplet.

Moi, si j'étais riche d'argent,
   Disait Pierre à Jean,
J'aurais ma tombe en marbre blanc
   Dans le cimetière.
— On t'oublierait au bout de l'an,
   Disait Jean à Pierre.

8ᵉ Couplet.

Il ne te faut, dit enfin Jean,
   Pas beaucoup d'argent.
Les hommes peuvent être heureux
   D'une autre manière,
En se faisant du bien entre eux.
   — C'est vrai, lui dit Pierre.

Musique Paroles
DE **42. — PLANTONS LE CHÊNE** DE
Émile Bonnamy. Marc Legrand

Moderato

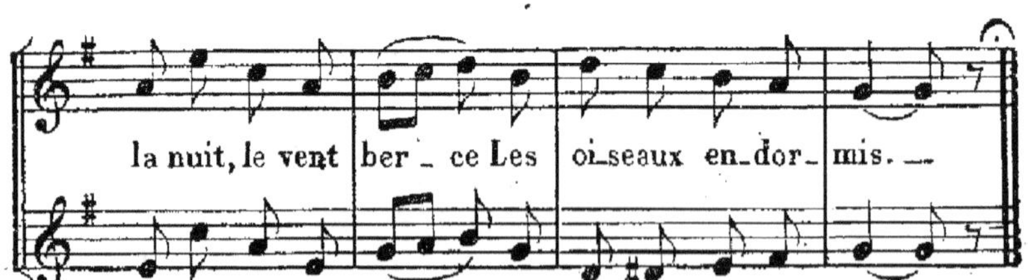

2ᵉ Couplet.

Du grand chêne que j'ai planté
Je ferai, le taillant en planches,
La table gaie à nappes blanches
Où mes amis en chœur boiront à ma santé.

3ᵉ Couplet.

Du grand chêne que j'ai planté
Je puis faire, avec ma hachette,
Le chevet de l'humble couchette
Où l'on dort jusqu'à l'aube un sommeil enchanté.

4ᵉ Couplet.

Du grand chêne que j'ai planté
Je ferai le cercueil solide
Dans lequel, muet et rigide,
Je serai quelque jour par mes frères porté.

V. — *Les Métiers.*

43. — MON PÈRE TRAVAILLE

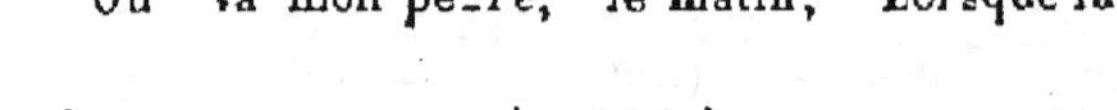

2ᵉ Couplet.

Où va mon père, le matin,
Lorsque la cloche fait tin-tin ?
Il va, plein de courage,
Faire du labourage.
C'est lui qui travaille aujourd'hui :
Mais je serai plus tard laboureur comme lui.

3ᵉ Couplet.

Où va mon père, le matin,
Lorsque la cloche fait tin-tin ?
Il va dedans la forge
Et chante à pleine gorge.
C'est lui qui travaille aujourd'hui :
Mais je serai plus tard forgeron comme lui.

4ᵉ Couplet.

Où va mon père, le matin,
Lorsque la cloche fait tin-tin ?

Sur son dos fort et large
Il va porter des charges.
C'est lui qui travaille aujourd'hui :
Mais je serai plus tard portefaix comme lui.

5ᵉ Couplet.

Où va mon père, le matin,
Lorsque la cloche fait tin-tin ?
Dans la forêt prochaine,
Il va couper des chênes.
C'est lui qui travaille aujourd'hui :
Mais je serai plus tard bûcheron comme lui.

6ᵉ Couplet.

Où va mon père, le matin,
Lorsque la cloche fait tin-tin ?
Il va dans sa boutique
Pour servir la pratique.
C'est lui qui travaille aujourd'hui :
Mais je serai plus tard commerçant comme lui.

7ᵉ Couplet.

Où va mon père, le matin,
Lorsque la cloche fait tin-tin ?
Il retrousse ses manches
Et rabote les planches.
C'est lui qui travaille aujourd'hui :
Mais je serai plus tard menuisier comme lui.

8ᵉ Couplet.

Où va mon père, le matin,
Lorsque la cloche fait tin-tin ?
Il descend dans la mine
Que sa lampe illumine.
C'est lui qui travaille aujourd'hui :
Mais je serai plus tard bon mineur comme lui.

9ᵉ Couplet.

Où va mon père, le matin,
Lorsque la cloche fait tin-tin ?
Il va sans rien me dire
A son pupitre écrire.
C'est lui qui travaille aujourd'hui :
Mais je serai plus tard travailleur comme lui.

Musique
DE
Paul Vidal.

44. — LE CORDIER

Paroles
DE
Marc Legrand

Allegro moderato

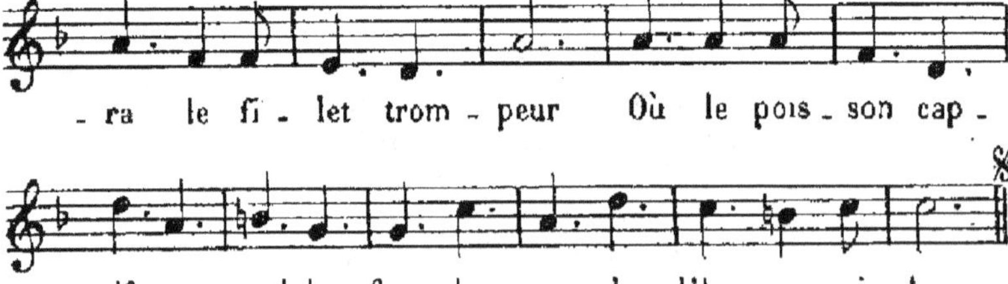

2ᵉ Couplet.

Avec ta ficelle bien sèche,
Pour exciter le limonier,
On fera le bout de la mèche
Qui claque au dur fouet du roulier.

3ᵉ Couplet.

On fera la corde à poignées
Que les fillettes tour à tour,
Quand l'heure des jeux est sonnée,
Tournent pour sauter dans la cour.

4ᵉ Couplet.

On fera la corde polie
Où s'accroche le seau de buis
Et qui fait grincer la poulie,
Quand on tire de l'eau du puits.

5ᵉ Couplet.

On fera le solide câble
Que termine un anneau de fer,
Pour retenir, sur roc ou sable,
L'ancre du vaisseau dans la mer.

Musique   Paroles

DE   **45. — LE FORGERON**   DE

Justin Clérice.   Marc Legrand.

2ᵉ Couplet.

Il forge des ferrures,
Des essieux pour voitures,
Des rampes pour les escaliers,
Des grilles pour les espaliers.
De chaleur, son corps fume,
Et la sueur mouille sa chair :
Et frappe, frappe sur le fer,
Frappe sur l'enclume !

3ᵉ Couplet.

Le soufflet siffle et ronfle,
Se vide et se regonfle.
Quand le fer est incandescent,
Il lève son marteau pesant,
Comme on lève une plume.
Tout en frappant, il chante un air :
Et frappe, frappe sur le fer,
Frappe sur l'enclume !

4ᵉ Couplet.

Quand la pièce forgée
A la forme cherchée,
Trempant le métal aussitôt,
Il le plonge dans un seau d'eau
Qui soudain bout, écume.
Puis il l'admire, le cœur fier :
Et frappe, frappe sur le fer,
Frappe sur l'enclume !

5ᵉ Couplet.

Pour nourrir sa marmaille,
Le brave homme travaille
Et ne sent pas les jours s'enfuir.
Son large tablier de cuir
Est son plus beau costume ;
Il le porte, été comme hiver :
Et frappe, frappe sur le fer,
Frappe sur l'enclume !

Musique
DE
J. Desmarquoy.

46. — LE PÊCHEUR

Paroles
DE
Marc Legrand

2^e Couplet.

La pauvre barque danse.
Pourtant chacun tient bon.
La pêche en abondance
S'entasse sur le pont.
Rentrant dans sa famille,
Le bon pêcheur, ce soir,
A son foyer qui brille
Heureux viendra s'asseoir.

vague est for _ te; Tant pis! Em _ bar _ que pour là -
vague ________ est for . te: Em _ bar _ que
- bas! ________ Le vent est dur, la vague est
pour là - bas! Le vent est dur, la vague est
FIN
for _ te: Tant pis! Em _ bar _ que pour là - bas! ___
for _ te: Tant pis! Em _ bar _ que pour là - bas! ___

Musique
recueillie par
E. Lalisse.

Paroles
DE
Marc Legrand.

47. — LE MOULIN

2ᵉ Couplet.

La roue aux larges palettes
Tout le jour monte et descend :
L'eau retombe en gouttelettes ;
La meule tourne en grinçant.
« Tourne, tourne, beau moulin !
Tu nous vaux miche et galette.
Tourne, tourne, beau moulin ! »
Chante le meunier malin.

Musique
DE
Louis Gregh.

48. — LA FERMIÈRE

Paroles
DE
Marc Legrand·

REFRAIN
Allegro

2ᵉ Couplet.

Il faut aller soigner les vaches,
Les mères aux grands yeux si doux,
Qui sur le corps portent des taches
De blanc, de marron et de roux.
Dans le seau, leur lait par secousse,
        Jaillit et mousse,
Pendant qu'on les trait à genoux.

3ᵉ Couplet.

Puis il faut allumer dans l'âtre
Le buis, les sarments, le noyer,
Dont la flamme jaune et bleuâtre
Joyeusement danse au foyer;
Bientôt la soupe de légume
        Bouillonne et fume :
C'est le déjeuner du fermier.

Mus.que
DE
Émile Legrand.

49. — LES LAVEUSES

Paroles
DE
Marc Legrand

2e Couplet.

L'eau du ruisseau coule d'abord limpide,
Pan pan! pan pan!
Mais le savon bientôt y fait des rides,
Pan pan! pan pan!
Et sur le mur le soleil reflété
Tout le jour, tremble en rayons de clarté!

3e Couplet.

Puis sur le sol les brunes lavandières,
Pan pan! pan pan!
Fixant le linge avec de lourdes pierres,
Pan pan! pan pan!
Ou sur la corde avec soin l'élevant,
Le font sécher et balancer au vent.

4e Couplet.

Bientôt mouchoirs, dentelle ou toile bise,
Pan pan! pan pan!
Tricot ou drap, caleçon ou chemise,
Pan pan! pan pan!
Tout est plié, tout de thym parfumé
Et dans l'armoire en ordre renfermé.

Musique
DE
F. Le Tourneux.

50. — LE CHEMINEAU

Paroles
DE
Marc Legrand.

2ᵉ Couplet.

Par monts et champs
Il va marchant,
Il frappe à la porte des fermes :
Et la porte s'ouvre ou se ferme
    Selon qu'on a besoin
Qu'il rentre les blés ou les foins.

3ᵉ Couplet.

Quand on le voit
Sans feu ni toit,
On offre à ce pauvre qui passe
Un peu de lait dans une tasse,
    Un morceau de pain noir :
Le voilà vaillant jusqu'au soir.

4ᵉ Couplet.

Dans un sillon,
Comme un grillon,
Il sommeille à la belle étoile,
Roulé dans sa veste de toile.
    Où sera-t-il demain,
Le chemineau du grand chemin ?

VI. — *La Patrie.*

Air morvandiau
recueilli par
Colette Willy.

51. — MON PAYS NATAL

Paroles
DE
Marc Legrand.

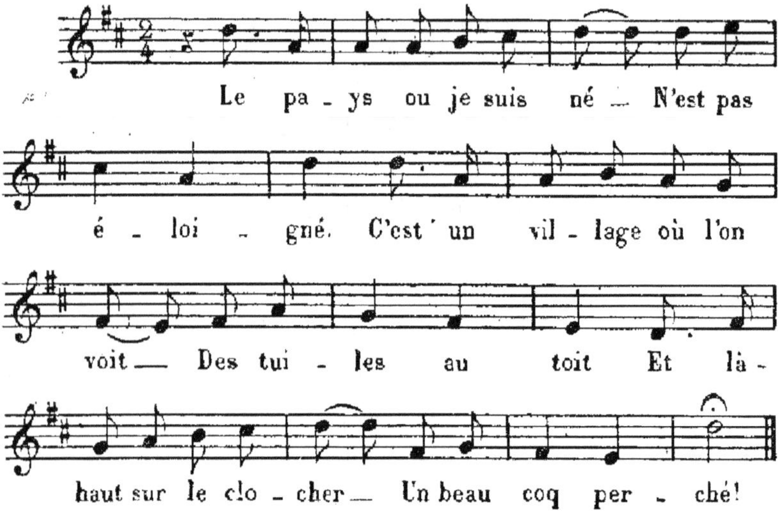

2e Couplet.

Suivant un petit sentier
Bordé d'églantiers,
On trouve en toute saison
Une humble maison :
C'est la ferme et tout autour
Une grande cour.

3e Couplet.

Près de l'étable à bestiaux,
On pend les hoyaux.
Plus loin, un vieil escalier
Conduit au palier :
C'est la chambre où, tout enfant,
J'ai joué souvent.

4e Couplet.

Là, dans un lit de noyer,
  Maman sommeillait;
Mon berceau n'était pas loin,
  Placé dans un coin.
La croisée avait des fleurs
  Aux fraîches couleurs.

5e Couplet.

Cher pays, chère maison,
  A vous ma chanson!
Chambre gaie et murs joyeux,
  En fermant les yeux,
Je vous revois sans effort :
  Je vous aime encor!

Musique
DE
Ernest Reyer.

52. — JEANNE, LA BONNE LORRAINE

Paroles
DE
Marc Legrand.

Andante

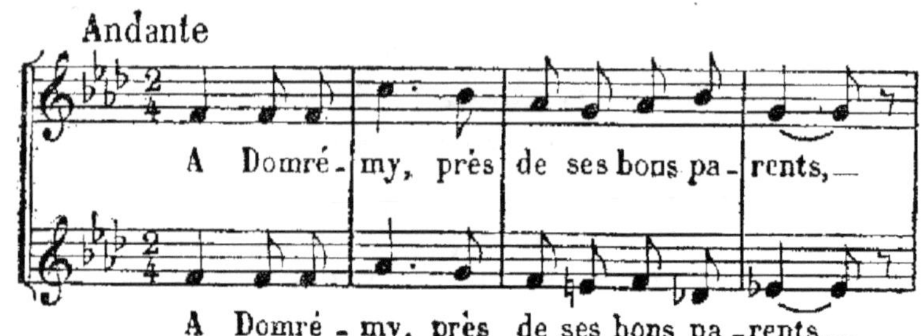

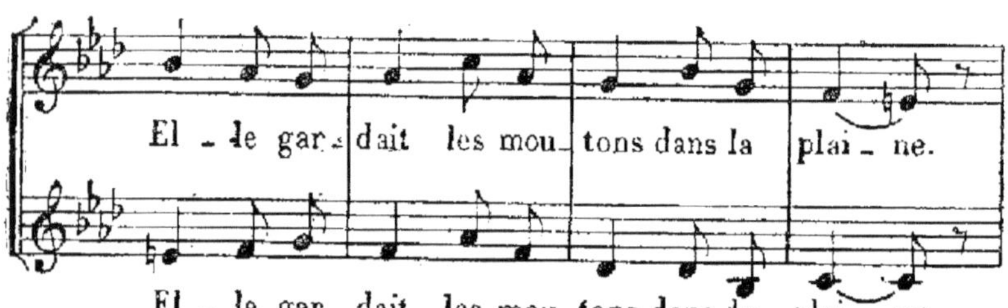

2ᵉ Couplet.

Voulant sauver son pays et son roi,
Elle quitta sa quenouille de laine ;
Elle monta sur un grand palefroi,
Jeanne, Jeanne, la bonne Lorraine !

3ᵉ Couplet.

Les vieux soldats la suivaient aux combats,
Et tous l'aimaient comme leur souveraine.
Près de Compiègne, hélas ! elle tomba,
Jeanne, Jeanne, la bonne Lorraine !

4ᵉ Couplet.

Sur un bûcher, prise par les Anglais,
Elle mourut, l'âme pure et sereine.
Mais elle vit dans le cœur des Français,
Jeanne, Jeanne, la bonne Lorraine !

Musique
DE
G. Salvayre.

53. — VIVE LA FRANCE !

Paroles
DE
Marc Legrand.

2e Couplet.

Vive la France ! au sud, au nord,
Deux mers écument sur ses bords
Et portent ses vaisseaux aux ports.
Vive la France ! (*bis*)

3e Couplet.

Ici des monts aux fronts couverts
Des glaces d'un constant hiver,
Veillent sur des champs toujours verts.
Vive la France ! (*bis*)

4e Couplet.

Le Rhône roule ses flots gris,
La Loire fait les prés fleuris
Et la Seine coule à Paris.
Vive la France ! (*bis*)

5ᵉ Couplet.

Partout se voit l'effort humain :
Ou de la tête ou de la main
Chacun travaille pour demain.
Vive la France ! (*bis*)

6ᵉ Couplet.

Aussi son nom est respecté,
Son courage est partout vanté :
France veut dire Liberté.
Vive la France ! (*bis*)

7ᵉ Couplet.

Et nous qui sommes ses enfants,
Tant que nous resterons vivants,
Nous l'aimerons en la servant.
Vive la France ! (*bis*)

Musique
DE
W. Salabert.

54. — LE SOLDAT FRANÇAIS

Paroles
DE
Marc Legrand.

2e Couplet.

Il ne craint rien, espère tout :
A la frontière il est debout
— Oui debout! —
Capote bleue et képi rouge :
Gare à l'ennemi qui bouge.

3e Couplet.

Par plaine ou mont, route ou sentier,
Il va, sans trembler, sans plier
— Sans plier! —
Sac au dos, fusil à l'épaule :
Il défend la vieille Gaule!

TABLE DES MATIÈRES

III. Les Animaux.

IV. Le Travail.

V. Les Métiers.

VI. La Patrie.

Coulommiers. — Imp. PAUL BRODARD. — 900-99.

Paris. — Imp. E. CAPIOMO

www.ingramcontent.com/pod-product-compliance
Lightning Source LLC
LaVergne TN
LVHW050845200726
843507LV00001B/438